GEDICHTE

AF196166

LIEBE

MUT

MACHT

VERTRAUEN

HOFFNUNG

ZUKUNFT

Gedichte

„ ...Momente neu erleben und doch zugleich verarbeiten.

Wenn wir unsere Gefühle & Gedanken einmal aufschreiben, merken wir

erst, wie es wirklich in uns aussieht...“

Marietta Ivanko

Gedichte

Liebe | Mut | Zukunft

© 2017 Marietta Ivanko

Herausgeber: Marietta Ivanko
Autor: Marietta, Ivanko
Umschlaggestaltung, Illustration: Marietta, Ivanko

Verlag: tredition GmbH, Hamburg
ISBN
978-3-7439-5091-7(Paperback)
978-3-7439-5092-4(Hardcover)
978-3-7439-5093-1(e-Book)
Printed in Germany

GEDICHTE

Ungewiss

Lügen, die in Hoffnung verstrickt sind,
an die eigene Kraft glauben,
doch sie schaffen es, Gefühle zu rauben.
Tränen wehen im Wind.

Tränen bleiben im Tiefsten verborgen,
Ruhe wird zu Geschrei.
Man müsst ein Regentropfen sei',
im Innersten die Sorgen.

Ein neuer Tag .
Kälte gegen erdrückende Hitze,
unendlich viele Fragen gelangen durch jede
noch so kleine Ritze,
ob ich versag?

... denn es taucht wieder auf

Und wenn es doch ein Zurück gibt?
Dass dich der Mensch wieder liebt.
Auf eine andere Art und Weise, aber doch innig
-
vergessen geht nicht,

denn es taucht wieder auf,
dieses Verlangen nach einem atemberaubenden
Lauf
zu dir.

Hoffen geht nicht mit Verstand, sondern mit
Herz,
auch wenn das bedeutet Schmerz
für einen selbst und andere wichtige Personen -
vergessen geht nicht,

denn es taucht wieder auf,
dieser Wunsch zu blicken – zu dir rauf,
zu dir.

Aufgeben gibt es nur in Augenblicken,

in denen es klar ist,
dass dich die Erinnerung innerlich zerfrisst.
Doch gleichzeitig gehen
magische Momente verloren -
vergessen geht nicht,

denn es taucht wieder auf,
wie ich dir mein Herz verkauf,
...dir.

Mut und Abschied

Wohin wird sie der Wind nur tragen?
Sollte man es wagen -
einen Menschen gehen zu lassen
ohne sich zu fragen
ob man kämpfen muss!?
Der letzte Kuss...
Mut fassen!
Keine Klagen!
Gedanken und Gefühle unbeeinflusst lassen.
Das Herz verbannt das Wort „hassen".

2 Wege gehen
und auf einmal haben wir Sehnsucht.
- eine Wucht.
aus Gefühlen und Träumen
aus Zukunft und vergangenen Geschehnissen.
Wir verlieren uns im Dickicht
der verschwommenen Gedanken.
Erhofftes kommt ins Wanken
und wir verlassen den Ort mit einem
anderen Gesicht.

Verwirrung von Körper und Geist.
Weißt du, weshalb alles auf einmal auf dich fällt?

Weil durch die Umstände keine
Beziehung mehr hält.
Verloren und doch frei sein.
Natur wahrnehmen und erleben.
Puzzleteile des Lebens zusammenkleben.

ALLEIN

LIEBE

LIEBE

W O L K E N

Manches kann nicht aufgehalten werden·
Denn du gelangst in Bedrängnis

mit Beschwerden·

Kannst nicht frei entscheiden·
Du spürst bei jedem Schlag

dein Herz leiden·

Doch du stehst zwischen
Kämpfen und Aufhören·
Niemand wird dich stören·

Allein, ohne Hilfe, gehst du den Weg·

Sonnenuntergang am ewig langen Steg·

Träume ziehen mit den Wolken in
eine andere Welt·
Die Zeit zerstört durch Geld·

Die verlassene Stadt

Ein Haus klebt am anderen,
doch keines stützt das andere.

Gestrichen wurden sie von allen,
doch die Farbe reichte nicht für alle.

Aufgefallen sind die 3 roten Häuser vielen,
doch für manch graue war ein Blick schon zu viel.

Die Kunst hält sehr lange,
doch der Weg in den Wald ist lang.

Träume werden von Haus zu Haus größer,
doch die Angst ist groß.

Die tragenden Wände der roten scheinen stärker
als die der grauen – doch welche sind überhaupt
stark?

Die Menschen ziehen weiter,
doch welcher schwierige Weg ist ihnen zu weit?

Eine Last wird immer schwerer,
doch ist es allein nicht immer schwer?

Die Zeit vergeht deutlich schneller,
doch vergehen tut nicht dieses Wort,

welches so verrückt macht:

schnell

Eine andere Richtung

& wenn wir tief in uns hineinhören und der Wahrheit
eine Chance geben,
kann man erkennen, wie die Wirklichkeit
uns so oft einholt im Leben.

Hoffen, weitermachen trotz der Erkenntnis,
dass man eine Richtung gewählt hat,
die anders ist. Doch sei gewiss',
das Leben spielt mit Farben, ob in Glanz oder in Matt.

Ein Moment verändert Meinungen, Gedanken
und Taten.
Hör auf, auf das Perfekte zu warten.

Genieße die Ruhe vor dem Sturm,
und die Ebbe vor der Flut.
Die Liebe ist das wichtigste Gut.

Neues schaffen, Freude teilen und sie selbst erleben.
Den Kopf zum Himmel emporheben.
Trauer zulassen
und dadurch eine Schutzwand errichten – und
das Leben neu verfassen.

HIN und HER

Warum streiten Leute?

Weil sie kämpfen, für das Heute,
Morgen und das Übermorgen.

Jeder trägt mit sich seine Sorgen,
doch Gemeinsamkeiten lassen wieder
Freude aufleben.

Und in solchen Momenten gibt es
kein Aufgeben.
Kämpfen, hoffen und doch schwanken.

HIN- und HERgerissen.

Ein ewiges Spiel mit dem Gewissen.
Was wird dich am Ende ergreifen?
Die Erinnerung lassen schweifen?
Die Ferne oder doch diese Nähe?

MUT

Endlich Ende

Und jeder sagte:
Eines Tages wirst du alles vergessen
All den Schmerz, die Liebe zu dieser Person
nicht mehr messen.
Getrennte Wege gehen,
allein da stehen.

Doch du glaubtest ihnen kein Wort
Wohin mit dir? – Fort
In deinen Gedanken verschwunden,
die Liebe erkunden.
Doch die Realität zeigt Hass in Form
von verletzen
du kannst nicht aufhören, diesen Menschen
zu schätzen.

Immer wieder taucht dieses Gefühl auf
man nimmt all die Schmerzen wieder in Kauf!

...

Endlich aufhören soll diese Zeit
doch ist man schon so weit?

Aufarbeiten, vergessen lernen – loslassen

Geschafft – man kann es kaum fassen
mit der Hilfe von Menschen, die einen
wirklich lieben
Kein Hass. Frieden

Du zwar allein – aber befreit von all dem :
Frust, Traurigkeit, Angst –
„Auf Wiedersehen"

Statt

Hass **statt** Liebe.

Liebe **statt** Freundschaft.
Abweisen **statt** annehmen.
Rennen **statt** rasten.
Schweigen **statt** sprechen.
Eifersucht **statt** Vertrauen.
Weinen **statt** lachen.
Schreien **statt** reden.
Vergessen **statt** Lebensfreude.
Aufgeben **statt** kämpfen.
Anfangen **statt** beenden.
Nachdenken **statt** leben.
Falsch **statt** richtig.
Blind **statt** aufmerksam.
Täuschen **statt** sicher sein.

Liebe **statt** Hass.

Im wunderschönen Monat Mai

Eine Ausstellung, ein Tag,
neue Menschen getroffen.
Kaffee, Tee und Prosecco „gesoffen"!
Gelacht, geschaut ... Junge!
Geraucht bis tief in die Lunge.
Dann die Bank draußen im Regen :
Fluch oder Segen ?
Worte — die davor ungesagt
mit Überwindung gewagt.
Schweigen und doch Unterhaltung.
Vollkommene Entfaltung.
„Normale" Stunden & doch ganz ...
spezifisch.

MACHT

MACHT

Überlegungen

Lange wach; ausgesetzt den vielen Worten und Taten
der anderen ....alleine entscheiden wollen und Wege erraten,
doch ein ewiges Hin und Her,
was das Richtige wär.
So oft in diesen Situationen gefangen,
rennen, davonlaufen, nicht aufgeben & doch um
die Ziele bangen.

Reden, vergessen, hetzen,
zurück bleiben Erinnerungsfetzen.
Einmal 'ne Stunde voll erleben –
ohne Probleme & sich erheben,
der Sonne entgegen – allein?
Sich selbst nahe sein.
Und wissen, was man machen kann oder soll.
Augen tränenvoll,
jedoch ein Lächeln auf den Lippen...
verwirrt sein und sich glücklich stimmen.
Kein Ende in Sicht, den Anfang längst aus den Augen verloren.
Zum Segelschiff ohne Wind auserkoren.

Stehen bleiben oder sogar rückwärts treiben
und den stechenden Schmerz erleiden,
der immer wieder alles zusammen brechen lässt,
trotz dass man an sich arbeitet, so fest.
Manches kommt einem Blitz sehr nahe...oder einem Erdbeben.

Gefühle kleben
im Herzen und bei jedem Schritt will sich etwas lösen
nicht mehr im Kopf dösen.
Aufhören zu stechen, aufhören zu pochen?

Bis auf eine Spur

& manchmal ist es an der Zeit,
nicht „auf Wiedersehen", sondern
„Lebewohl" zu sagen.

Die Erinnerung so nah, der Mensch
jedoch entfernt – so weit.
Weder sich laut weinen
noch lachen wagen.

Der Schmerz
schießt tief durchs Herz.

Allein – man hat keinen
mehr zum Reden oder spürt kaum noch
das wahre Leben.
Doch die Liebe und die Erinnerung
können so viel uns geben.

Ein Kampf für die Ewigkeit.
Bis auf eine Spur – alles verschneit.

DANKE FÜR

Danke für
die langen Spaziergänge am Strand
und die unverschämt guten Deals am Stand.
Danke für
die ausgiebigen Erläuterungen über Finanzen,
und die Selbständigkeit im Ganzen.
Danke für
die Zuversicht im water taxi oder im Bus,
die Kunst,
wie schnell man bei „go slow" gehen muss.
Danke für
die vielen kleinen Momente mit einem Lächeln.
Die Kraft, damit du verlernst das Schwächeln.
Danke für
die neuen Wegweiser in meinem Leben
und die Bereitschaft nie aufzugeben.

VERTRAUEN

VERTRAUEN

Einmal noch …

Einmal noch dieses Gefühl, diese Ruh'!
Einmal noch diese Stille,
dann mach ich meine Augen zu.
Einmal noch wertvoll sein für dich.
Einmal noch, bitte tu es für mich!
Einmal noch diese Liebe von dir fühlen!
Einmal noch, wie damals,
mit dir in [Erinnerungen] wühlen.
…
Doch das gibt es einfach nicht mehr!
Auch wenn ich mir es noch so stark wünsche,
so sehr!
…
Einmal noch von dir gehasst werden.
Einmal noch von dir mein Leben
lassen verderben…
…
Willst du das wirklich? − Mit vollem Ernst?
…

Einmal noch will ich sehen, wie du
dich entfernst!

Einmal noch diesen Hass zwischen uns sehen.

Einmal noch; wie wir beide auseinander gehen.

…

Doch das würde zerstören mein Herz.

Das würde mich fühlen lassen zu viel Schmerz!

…

Einmal noch geliebt werden von dir!

Einmal noch sollst du die Traumfrau
sehen – in mir!

…

Würdest du das alles für mich machen?

Diese aufgelisteten Sachen?

-Ich hoffe es so sehr,

denn ich liebe dich mit jedem Tag immer mehr.

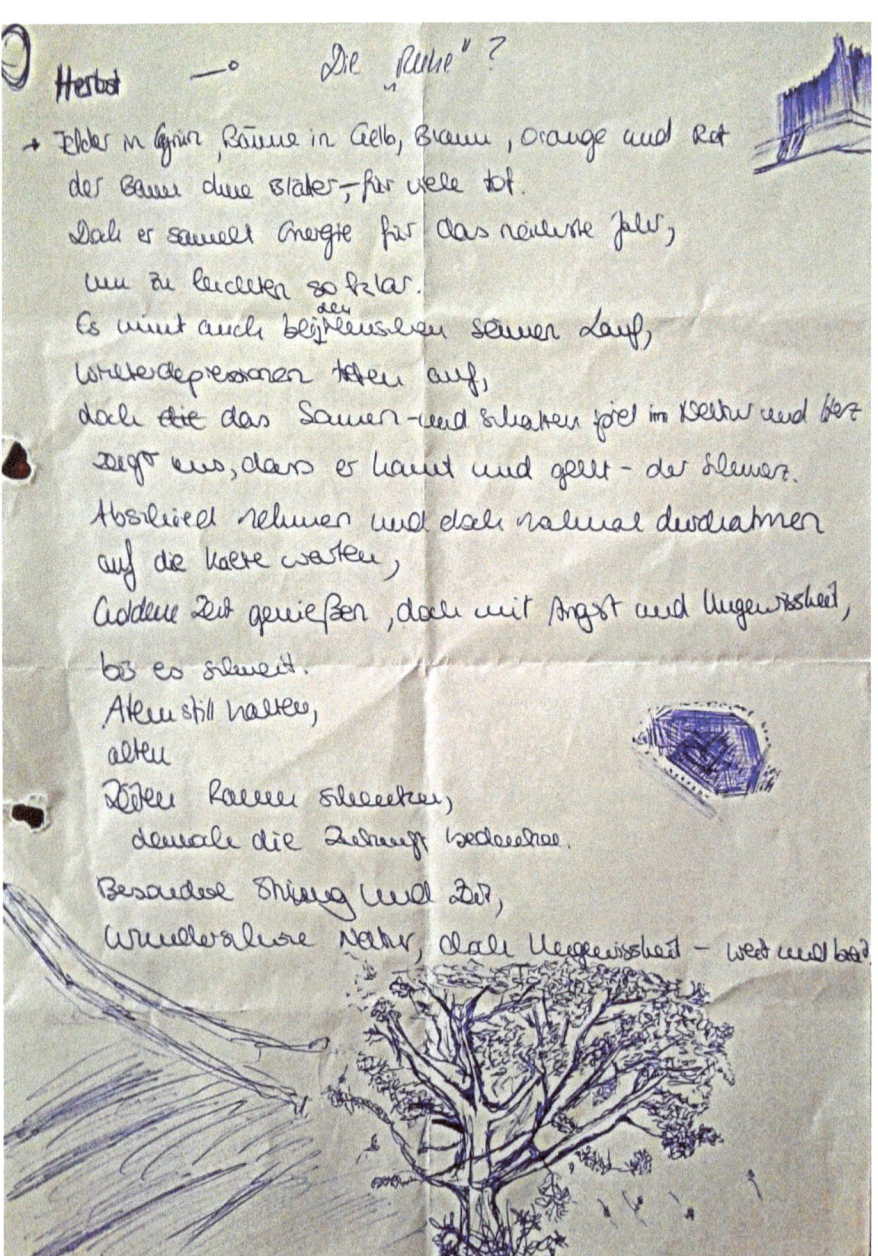

Herbst — "Die Ruhe"?

Felder in Grün, Bäume in Gelb, Braun, Orange und Rot
der Baum ohne Blätter, für viele tot.
Doch er sammelt Energie für das nächste Jahr,
um zu leuchten so klar.
Es nimmt auch bei ihm ... seinen Lauf,
Winterdepressionen ... auf,
doch die das Sammeln und ... in Natur und Herz
zeigt uns, dass er kämpft und geht – der Schmerz.
Abschied nehmen und doch nochmal durchatmen
auf die kalte warten,
Goldene Zeit genießen, doch mit Angst und Ungewissheit,
bis es schneit.
Atem still halten,
alten
... Rollen ...,
... die Zukunft ...,
Besonderes ... und Dir,
Wunderschöne Natur, doch Ungewissheit – weit und breit

34

Herbst - die Ruhe ?

Felder in grün, Bäume in gelb, braun, orange
und rot.
Der Baum ohne Blätter – für viele tot.
Doch er sammelt Energie für
das nächste Jahr,
um zu leuchten so klar.
Es nimmt auch bei den Menschen
seinen Lauf,
Winterdepressionen treten auf,
doch das Samen- und Schattenspiel in Natur
und Herz
zeigt uns, dass er kommt und geht –
der Schmerz.

Abschied nehmen und
doch manchmal durchatmen.
Auf die Kälte warten,
goldene Zeit genießen,
doch mit Angst und Ungewissheit,
bis es schneit.
Atem still halten,
alten Zeiten Raum schenken,
dennoch die Zukunft bedenken.
Besondere Stimmung und Zeit,
wunderschöne Natur, doch Ungewissheit –
weit und breit.

H
O
F
F
N
U
N
G

HOFFNUNG

Religion und Biologie – nun doch vereint

Diffusion der Religion
die Starken helfen den Schwachen,
angeboren ist das Weinen und das Lachen.
Die Base ist der gerechte Lohn.

Enzyklika und Photosystem zwei,
Religionsfreiheit für alle, denn Religionsgemeinschaften
gibt es mehr als drei.

Ob aerober oder anaerober Stoffabbau,
aus den alten Schriften wird man durch Exegese schlau.

Wo findet die PS statt?
So viele Menschen werden täglich nicht satt.

Kämpfen und forschen an einem Tage,
Jesus bei seiner Bergpredigt: …ich aber sage
euch …; 10 Gebote neu formuliert,
nach dem christlichen Menschenbild ist der
Mensch ein Hirt.

Tiere, Pflanzen, Pilze, Bakterien und Einzeller,
Mensch oder Menschenaffe,
ausgebeutet werden viele beim Anbau und Verkauf
von Kaffee.
Doch die Welt wird durch & mit Gott heller.

JACO

Begnadeter Musiker mit Herz & Seele
Geborgenes Gefühl, wenn ich deine
Nummer wähle.
Worte und dieser Blick von dir …
Über Gott & die Welt reden wir.
Ein Satz – eine Diskussion, eine zweite
…
Angst und Sorgen suchen das Weite.
Die Zeit vergeht, daliegen.
Musik & Herz siegen!

SCHNELLLEBIG

FREIHEIT, DOCH DIE GEDANKEN ZIEHEN DICH
NACH UNTEN.
ÜBERLEGEN, ANSTATT DIE WELT
ZU ERKUNDEN.
TRÄUMEN IST VERBOTEN,
ALLE STREBEN NACH ORDNUNG
UND GEBOTEN.
EINEN TAG OHNE GEDANKEN,

FREI OHNE DIESE RANKEN.

GEFANGEN, OHNE EINEN
FREMDEN MENSCHEN.

GEFANGEN DURCH EINEN
„FREMDEN" MENSCHEN!
DIE, DIE VERSPRECHEN NICHT HALTEN,

FÜR DIE KEINE WORTE GALTEN...

DOCH WAS HAT MAN
VON DER SCHNELLLEBIGEN WELT?

JEDER WILL REICHTUM, ALLES – GELD!
DRAUßEN – KAUM ANDERE GESICHTER.

KEINE LICHTER.

AUCH NICHT IM INNEREN – IM HERZEN.
OHNE EHRLICHKEIT GIBT ES NUR NOCH
SCHMERZEN.
WACH WERDEN,
FREI SEIN DÜRFEN –
DOCH MIT RÜCKSICHT AUF DEN ANDEREN.

WER SCHAFFT DAS SCHON?
GEHT NUR NOCH UM SCHNELLIGKEIT,
STRESS, ARBEIT, ZIELE, BETRÜGEN UND
LOHN.
EIN SCHRECKLICHER GEDANKE – DOCH DIE
REALITÄT FÜLLT IHN AUS.
JEDER HAT EIN HAUS –
DOCH KEIN GEFÜHL.

LIEBE, EHRLICHE LIEBE, GELIEBTE ?

ZUKUNFT

ZUKUNFT

Überlegen, Wind und Leben

Hoffen hilft oft nicht über Dinge hinweg,
die tief im Herzen stehen,
es fällt schwer weiterzugehen,
wenn das Schiff hat ein Leck.

Viele Dinge passieren und
man vergisst sie nie,
man kann es zwar versuchen,
doch es hilft weder Reden noch ein Kuchen,
paradise is the place to be.

Wir vergessen nichts,
schon gar nicht wenn man gefühlt hat.
Vergangenheit reicht bis in die Zukunft.
Gefühl gegen Vernunft.
Wichtig wäre ein „cut"

09.09.

& manchmal reicht Vertrauen nicht.
Man schaut in ein fremdes Gesicht.

Neue Worte dringen an dein Ohr,
Zweifel treten hervor.

Taten,
auf die du musst warten.

Oder sie treten niemals ein.
Von jetzt auf gleich bist du allein.

Festplatte gelöscht, doch es gibt noch einen Stick.
Daten des Herzens mit viel Geschick
auf ein Medium gebrannt,
das niemand erfand.
Es wird jedoch „Seele" genannt.

Die Schritte werden schwer,
[doch die Erinnerung. Niemals leer.]
wir wollten/wollen es so sehr.

July 9th 2016

Viele drücken dich zu Boden,
bis zum Asphalt.
Dir wird ganz kalt.
Jeden Meter ein neuer Stein,
der dir in den Weg gelegt wird.
Doch bau dir eine Brücke,
die dich bringt über den reißenden Fluss.
Nichts ist ein ‚Muss'.
Such' nach einer kleinen Lücke.
Nimm die Hand, die dir gereicht wird.
Sie kann dich nicht tragen,
jedoch begleiten.
Dir das Herz fürs Große und
Schöne weiten.
Alles hin und wieder mit
Leichtigkeit sehen.

Sich nicht im Kreis drehen.
Immer wieder abbiegen,
manches, Altes einfach liegen lassen -
lassen (soweit notwendig)
Mut für Träume fassen.

Auf Liebe vertrauen,
sich den Weg nicht auch noch
selbst verbauen.
Auch mal ein Lächeln zulassen.

Tage und Nächte vergehen.
lass' den Wind ruhig wehen,
denn kein Wind der Welt kann dir
die Sonne für immer nehmen!
Er schiebt dir Wolken davor,
doch am Ende kommt
ein Regenbogen hervor.

MIX

Papier | Fördert
gute Waldnutzung

FSC® C083411

Zeitfracht Medien GmbH
Ferdinand-Jühlke-Straße 7
99095 Erfurt, Deutschland
produktsicherheit@kolibri360.de